AF590137

A L'ARMÉE,

LA PATRIE RECONNAISSANTE

1851.

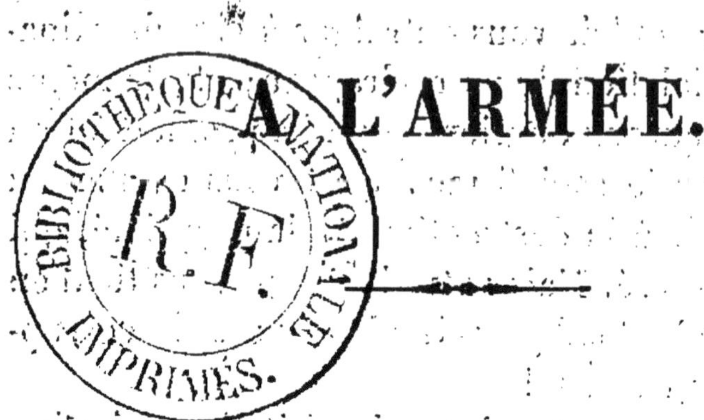

A L'ARMÉE.

Honneur à vous, courageux défenseurs de la patrie! Chaque jour vous donnez des preuves de votre bon sens, comme vous avez su en donner de votre héroïsme dans tous les combats sanglants d'Afrique et sous les barricades de l'insurrection.

Depuis plus de deux ans vous êtes en butte aux excitations les plus violentes et aux conseils les plus infâmes; des doctrines trompeuses vous sont prêchées, de grandes promesses vous sont faites, et vous demeurez inébranlables dans votre dignité.

Les socialistes, ces ennemis jurés de la civilisation, vous disent : « Voyez à côté de vous les privi» légiés pour les grades et pour les décorations: » toutes les faveurs leur sont dévolues. Soyez des nô» tres; vous ne serez plus des esclaves, et vous de» viendrez riches. »

Vous tenir un pareil langage, c'est mentir : les grades et les décorations n'ont jamais été donnés avec plus de sagesse et d'impartialité, et n'ont obtenu, dans chaque régiment, une approbation plus unanime.

C'est donc vouloir vous entraîner à l'insubordination et à la violation de votre drapeau; et, de même qu'aux malheureux ouvriers à qui ils promettent un bien-être par le socialisme, c'est vous exciter au vol, au crime, à la destruction de la propriété, qui est un droit sacré. Mais votre bon sens vous tient en garde contre les tendances impies de ces vils corrupteurs. Honneur à vous!

Au reste, vous savez bien qu'en fait d'organisation sociale (lisez plutôt désorganisation), le fameux démolisseur de société Proudhon n'est pas plus d'accord avec le grand triumvir Ledru-Rollin, que celui-ci ne l'est avec le nouveau fondateur Cabet.

Et vous connaissez aussi cette espèce de polémique violente qui s'éleva entre Barbès, Blanqui, Raspail et compagnie, sur les bancs des accusés de la haute cour de Bourges? Eh bien! jugez d'après cela si ces pauvres créatures peuvent vous promettre autre chose que la triste célébrité des Boichot et des Rattier, mendiant leur pain sur la terre étrangère!

Et, d'abord, il est incontestable que ce peu d'entente chez ces grands réformateurs (aujourd'hui incarcérés ou en fuite) ne provient que de leur impossibilité d'arriver à une bonne solution par le chavirement de l'ordre social établi depuis plus de six mille ans; et de ce que, de même que le communisme, le socialisme, le droit au travail et les banques de crédit conduisent inévitablement au partage des biens, qui, au lieu de vous faire nager dans l'abondance, comme ils vous le promettent, ne pourrait vous conduire qu'à la dernière misère et à la famine.

Cela est si bien vrai, que le chiffre de la fortune publique est connu, et que, en supposant que toutes les richesses de la France seraient confisquées, depuis le château à tourelles jusqu'à l'humble chaumière du paysan, depuis les grands capitaux jusqu'aux épargnes des artisans, et que la masse de cette fortune soit également distribuée à chaque citoyen, le revenu de chacun ne s'élèvera pas au delà de douze centimes et demi (deux sous et deux liards).

Or, comme il est incontestable que le minimum du prix des journées, dans les pays les plus pauvres, est de 75 c. à 1 fr. 25 c.; qu'il est de 1 fr. 25 c. à 2 fr. 50 c. dans les pays les plus favorisés par la nature, et de 2 fr. 50 c. à 5 fr. dans les grandes villes; il n'est pas difficile de conclure qu'au lieu de gagner au partage des biens, vous y perdriez au contraire beaucoup!...

En voici une bonne preuve:

Supposons le partage réalisé; le premier inconvénient sera celui-ci: Les capitaux, étant divisés à l'infini, n'auront presque plus de puissance. Les grandes expéditions à l'étranger seront impossibles. Chacun ne pouvant qu'avec peine se procurer que les objets de première nécessité, une foule de productions ne seront pas encouragées. Plus d'œuvres d'artistes, plus de vins de luxe, ni mille autres objets que nous envoyons à l'étranger, et en échange desquels nous recevons du sucre, du café, du sel, tant de choses enfin indispensables à la vie, et qui deviennent chaque jour de plus en plus à la portée de tout le monde.

En outre de cela, comme il n'y aura plus que des rentiers de douze centimes par jour, la confiance ne sera pas grande, et le crédit sera nul. Voilà donc la société privée du triple avantage de la circulation intérieure, du commerce à l'étranger et du crédit, et, par conséquent, le revenu de chacun diminué d'autant.

Mais ce n'est pas tout : il y a, et il y aura toujours, des paresseux et de bons ouvriers. Or, avant peu, les uns auront considérablement augmenté leur avoir, tandis que les autres n'auront plus rien du tout; et il y aura encore des riches et des pauvres. Mais comme la révolution aura été faite précisément pour qu'il n'y ait plus des riches et des pauvres, alors l'Etat interviendra; il prendra au bon ouvrier les surplus de ses économies, pour le donner aux paresseux. Qu'en résultera-t-il ? C'est que, le paresseux ne travaillant pas parce qu'il est paresseux, le bon ouvrier ne travaillant pas parcequ'il est découragé de produire pour le premier venu, pour l'Etat, personne ne fera plus rien, et la terre sera bientôt inculte.

Or, maintenant, si la France, malgré son travail,

malgré ses richesses et le triple mouvement que la propriété leur imprime par le commerce, la circulation intérieure et le crédit, peut à peine nourrir ses enfants, on est bien en droit de dire que la société sera désolée par la famine lorsqu'elle sera privée de ces puissants moyens, et que le travailleur, ne pouvant pas jouir du fruit de son travail, ne sera encouragé que par un intérêt vague et indirect.

Que serait un tel état de choses? Ce serait le communisme. Et qu'est-ce que le communisme? C'est une organisation sociale où l'Etat s'arroge un droit absolu sur toutes les propriétés et toutes les personnes; où chacun, nourri, logé, habillé suivant le bon vouloir de l'Etat, et obligé de travailler sans pouvoir même disposer à son gré du plus modique salaire, est un esclave véritable.

Des malheureux communistes, ayant quitté leur patrie pour aller en Icarie faire l'essai de leurs doctrines, sont revenus d'Amérique, complétement désenchantés de ces nouveautés, et ont très-bien dépeint cette situation. « Quant à cet état social don » on vous parle tant, disent-ils, c'est la plus cruelle » tyrannie que vous puissiez imaginer: êtes vous » cent? Vous avez cent maîtres »

Après cela, il n'est pas difficile de se convaincre, combien le triomphe des socialistes serait funeste au peuple.

Mais il existe contre eux d'autres raisons non moins puissantes: c'est que le principe qu'ils veulent détruire est sacré; de tous les droits, le plus imprescriptible, c'est celui de la propriété, chacun de nous porte en soi cette conviction profonde. Essayez d'arracher à l'honnête ouvrier ses économies, ou à ce paysan laborieux le champ acquis à la sueur de son front : sa conscience sera tellement indignée, il aura une telle foi dans son droit, que, plutôt de céder à un ravisseur impie le fruit de son travail, il consentira à mourir. — Sans ce droit, l'homme est dépouillé de sa grandeur et de sa puissance, incapable d'accomplir un acte de fraternité ou d'amour. — Aussi, tous les peuples, même les plus barbares, l'ont respecté; la Bible et l'Evangile l'ont sanctionné, en en faisant un des articles fondamentaux de leur législation sublime. La Providence est donc admirable en toutes choses; car ce qui est le plus conforme au droit et à la justice, le plus favorable à l'intérêt individuel, est aussi ce qui est le plus profitable à l'intérêt de tous, à la société entière.

Ainsi donc, les socialistes prennent l'humanité au rebours. Exciter le pauvre contre le riche, comme ils le font, c'est non-seulement allumer la guerre civile et conduire à la famine, mais c'est encore se révolter contre la loi de Dieu; c'est faire d'une population honnête et laborieuse, un peuple de fainéants et de voleurs, et de la France un repaire de bêtes féroces. C'est que, dans leur pensée, Dieu n'existe point, et les hommes ne sont que des bêtes !

Depuis six mille ans, les hommes ont cru à l'existence d'un Dieu, ils ont cru devoir adorer en lui l'auteur de toutes choses, et vivre suivant les lois que cette croyance leur dictait. Aussi, tandis que les animaux errent dans les déserts sans autre besoin que celui de leur nourriture, sans autre soin pour leurs petits que celui de l'allaitement, s'arrachant bientôt leur proie, et multipliant entre eux sans que le fils reconnaisse jamais sa mère, ou la mère le fils, l'homme, lui, poursuit une plus noble destinée. Malgré la diversité des cultes et des législations, honorer son père et sa mère jusqu'à leur mort, toujours aimer et protéger ses enfants, vivre d'une vie plus heureuse au-delà de la tombe si on est fidèle à Dieu, sont des maximes à tout jamais vénérées sur la terre, parce qu'elles sont écrites dans nos cœurs en lettres ineffaçables.

Eh bien! ces croyances éternelles, les socialistes veulent les détruire. Plus de Dieu, plus de propriété, plus de famille; nous assimiler à des bêtes, telle est leur devise infernale.

On sait bien qu'en parlant au peuple, les réformateurs se gardent de dévoiler des turpitudes pareilles; ils ne parlent que de fraternité, d'amour et de charité, mais leurs écrits les condamnent; leurs livres sont saturés de ces infamies.

Voici comment Proudhon s'exprime :

« Le premier devoir de l'homme intelligent et
» libre, est de chasser incessamment l'idée de Dieu
» de son esprit et de sa conscience; car Dieu, s'il
» existe, est essentiellement hostile à notre nature,
» et nous ne relevons aucunement de son autorité.

» Dieu, c'est sottise et lâcheté; c'est tyrannie et mi-
» sère ; Dieu, c'est le mal. »

Certainement, il n'y a pas de doute, la guerre est déclarée à Dieu.

Mais comme la famille, la propriété, la vie morale de l'homme, attestent Dieu: « Emparons-nous
» du pouvoir, ont dit les socialistes; imputons aux
» riches la misère des pauvres; faisons des lois qui
» ne reconnaissent à l'homme d'autre droit que ce-
» lui de vivre, qui ne sanctionnent que les appétits
» de sa matière; et lorsque la propriété et la famille
» seront détruites, que les hommes seront sembla-
» bles à des animaux, le nom de Dieu ne sera plus
» prononcé sur terre, et notre triomphe sera com-
» plet. »

Ainsi la propriété est donc la première pierre que les socialistes s'efforcent d'arracher à l'édifice social. Proposer ouvertement le vol, c'était s'exposer à quelques succès auprès d'un peuple de forçats libérés; mais le proposer au peuple français, c'était s'exposer à payer chèrement cette audace; et la foule aurait couvert de boue les apôtres nouveaux. Aussi, les réformateurs ont eu soin de revêtir le manteau de la charité et de déguiser leurs projets impies à l'aide de mots pompeux.

On se rappelle les fameuses réunions du Luxembourg : le citoyen Louis Blanc était alors à l'apogée de sa gloire; il se présentait aux délégués des ouvriers de Paris comme l'organisateur du nouveau monde que le gouvernement provisoire allait créer.

La liberté du travail était pour lui la cause de toutes les misères : aussi, il ne s'agissait de rien moins que de ruiner tous les industriels, tous les propriétaires, tous les capitalistes, enrichis sous l'influence de cette liberté. Les ateliers nationaux allaient être créés moyennant un impôt immense prélevé sur la nation. L'Etat se chargeait de les subventionner. Voici donc les tailleurs, les cordonniers, les chapeliers à l'œuvre. — Mais qui achètera leurs produits ? La nation est presque ruinée par l'impôt. — Cependant, ces braves ouvriers doivent vivre. — Que fera l'Etat ? il s'est chargé de leur donner du pain et de les nourrir. — Ce qu'il fera ? Il prélèvera un second impôt, puis un troisième, puis un quatrième, jusqu'à ce qu'enfin il ait englouti toute la fortune publique. Alors la nation entière viendra demander la vie à l'Etat. Ainsi nous serons en plein communisme, sous ce régime affreux, qui, anéantissant le crédit, le travail et le commerce, amène inévitablement le règne de la misère et de la famine.

Le droit au travail, c'est une spoliation de la même nature. Encore obligé de fournir du travail à tous ses membres, l'Etat remplirait ses engagements en levant un premier impôt sur les riches, puis sur les paysans, puis enfin sur les travailleurs des villes. Même résultat ; ruine inévitable, communisme et famine.

Dans le manifeste de la Montagne, concernant les banques de crédit, nous voyons encore la même hypocrisie de langage, le même but et les mêmes moyens.

« La propriété, disent-ils, est la garantie de l'in-
» dividu, partant de la famille et de la société.
» Nous venons l'affirmer et l'affermir en la transfor-
» mant de privilége en droit, c'est-à-dire en l'éten-
» dant, en la rendant accessible à tous, en y intéres-
» sant tout le monde. A l'état de privilége pour
» quelques-uns, elle est sans cesse menacée ; à l'état
» de droit pour tous, elle est sauvée. Ses défenseurs
» exclusifs sont ceux qui la nient le plus; car ils la
» nient pour la majorité des citoyens, c'est-à-dire
» pour deux sur trois. Nous la voulons plus qu'eux,
» parce que nous la voulons pour tous. —Comment?
» Par le travail. — Oui, nous voulons reconnaître à
» tous le droit à la propriété par le travail. Qu'est-ce
» que le droit au travail? C'est le droit au crédit. Et
» qu'est-ce que le droit au crédit? C'est le droit au
» capital. »

Hypocrites! Ils veulent établir la propriété sur des bases plus solides, disent-ils, et ils commencent par la violer! Ils veulent établir des banques de crédit; tout le monde aura droit à leurs largesses! Mais les capitaux, d'où viennent-ils? De la propriété. —La banque épuisée (et elle le sera bientôt), comment les renouvelleront-ils? Par un nouvel impôt sur la propriété; puis, par un troisième.

C'est donc toujours le même système : une spoliation successive commençant sur le capitaliste et finissant sur le salaire de l'ouvrier. En un mot, c'est encore le partage des biens, ce sont encore les mêmes résultats : le communisme et la famine.

Ainsi, braves soldats, méfiez-vous de ces hommes! Aucun mensonge ne leur coûtera pour vous tromper; dès l'instant qu'ils se glorifient d'être montagnards, ce sont vos plus cruels ennemis, comme ils vous l'ont bien prouvé quelques jours après la révolution de février, lorsqu'ils ont chassé tous les régiments hors de Paris. Vous avez entendu parler de ces temps lugubres où le peuple était décimé par la famine, et la terre de notre belle France inondée de sang? Eh bien! ces hommes sont les mêmes que les auteurs de ces crimes abominables; ils ont juré de marcher sur leurs traces, et ils se glorifient encore de leurs souvenirs!

Ces anciens montagnards, tant glorifiés par leurs dignes apôtres, après avoir martyrisé le meilleur des rois et des princesses sans reproches, ont fait immoler un si grand nombre de victimes, que le tableau qu'en présente un historien fait frémir d'horreur.

Voici ce sanglant tableau :

Hommes du peuple de divers états.	13,633
Femmes de laboureurs et d'artisans.	1,467
Ci-devant nobles.	1,278
Femmes nobles.	750
Prêtres.	1,135
Religieuses.	350
TOTAL.	18,613
Femmes mortes de frayeur ou par suite de couches prématurées.	3,400

Femmes enceintes ou en couches.	348
Femmes tuées dans la Vendée.	15,000
Enfants tués dans la Vendée.	22,000
Morts dans la Vendée.	900,000
Victimes sous le proconsulat de Carrier, à Nantes.	32,000
Parmi lesquels on compte :	
Enfants fusillés	500
Enfants noyés	1,500
Femmes fusillées.	264
Femmes noyées.	500
Prêtres fusillés.	300
Prêtres noyés.	460
Nobles noyés.	1,400
Artisans noyés.	5,300
Victimes à Lyon.	31,000

Que l'on juge !

Et dans ce nombre ne sont pas compris les victimes des massacres de Versailles, des Carmes, de l'Abbaye, de la Glacière d'Avignon, les fusillés de Marseille et de Toulon.

Ainsi, ce n'étaient pas seulement des nobles, des bourgeois que frappaient la terreur; c'étaient aussi, et en plus grand nombre, des artisans, des cultivateurs et des ouvriers ; la hideuse charrette emportait pêle-mêle la pauvre femme du peuple et la duchesse. Egalité devant l'échafaud !

Mais qu'est-il arrivé à tous les assassins de ces innocentes victimes ? Ils ont presque tous péri par la main du bourreau..... ce qui arrivera infailliblement à tous ceux qui veulent marcher sur leurs traces.

La sagesse du gouvernement avait proposé des réformes pour favoriser l'agriculture et le commerce, sources fécondes de la fortune publique. — Mais les socialistes ont fait entendre de nouveau leur cri de guerre, et le crédit a disparu, le commerce a été frappé de mort, et la misère s'est accrue dans des proportions depuis longtemps ignorées. Ces hommes-là sont bien coupables! mais justice leur sera faite.

Avec le suffrage universel, quoique modifié pour en distraire les vagabonds et les pillards, toute insurrection est un non-sens, un attentat à la souveraineté populaire, un crime social. Il ne peut dépendre d'une minorité de traduire ses griefs, si elle en a, à coups de fusil. Mais en supposant qu'elle livrerait une nouvelle bataille, à quoi pourrait-elle servir, sinon à verser un sang précieux?

Qui peut en un jour changer la condition des prolétaires? Et lors même que les socialistes auraient le dessus, ce qui n'aura jamais lieu, grâce à Dieu, quel remède apporteraient-ils à une situation plus forte que les hommes, et qu'ils ont faite eux-mêmes? Mais c'est à la société entière qu'on en veut et qu'on s'attaque! Les insensés qui ont rêvé la destruction de la propriété et de la famille croient-ils donc que les balles parties de leurs barricades pourraient donner à leurs théories la sanction que leur refuse le bon sens de tout un peuple? — Ne sentent-ils pas, eux qui se prétendent républicains, qu'ils sont les plus cruels ennemis de la république ? — Est-ce donc encore par la guerre civile qu'ils entendent justifier la sublime devise inscrite sur nos drapeaux ?

Non, nous le disons hautenent, ceux-là ne sont pas républicains, qui veulent faire prévaloir par la violence leur volonté sur la volonté générale librement exprimée ! Ils sont, au contraire, les plus cruels ennemis de la république et de véritables assassins de la société.

Mais vous, nobles enfants de la victoire, qui avez tant contribué au maintien de la paix intérieure dont nous jouissons depuis près de deux ans, vous méprisez toutes les excitations qui vous environnent de toutes parts, et vous demeurez inébranlables dans votre amour sacré de la patrie ! Honneur, mille fois honneur à vous !...

Persévérez dans cette bonne voie. Le gouvernement est convaincu que tant que vous resterez fidèles à votre drapeau, il n'aura à craindre ni la coalition des partis qui voudraient le renverser, ni les insensés qui ont juré la destruction de la famille et de la propriété.

CARRÈRE.

DIJON, IMPRIMERIE DE DOUILLIER.

www.ingramcontent.com/pod-product-compliance
Ingram Content Group UK Ltd.
Pitfield, Milton Keynes, MK11 3LW, UK
UKHW012134240726
13965UKWH00005B/2175

9 782012 976603